매 일 너 를 위 해 기 도 할 게 !

자녀를 위한

말씀
기도문
40일

이대희 지음

북스원
BOOKSONE

들어가면서

소중한 자녀에게 말씀과 기도의 옷을 입히라

자녀는 하나님이 부모에게 주신 가장 귀한 선물입니다. 세상 어느 것으로도 바꿀 수 없는 소중한 생명입니다. 하나님이 주신 자녀를 어떻게 하면 잘 키울 수 있는지는 부모들이 갖는 가장 큰 관심사입니다.

우리나라 사교육비 지출은 세계 최고입니다. 그만큼 자녀를 잘 키우고 싶은 부모의 열망이 크다는 것을 말해줍니다. 하지만 열망에 비해 방향은 잘못된 경우가 많습니다. 방향이 잘못되면 자녀를 열심히 키우고도 실패하게 됩니다.

자녀를 교육할 때 부모가 생각해야 할 교육 로드맵이 있습니다. 그것은 5성 교육으로서 영성, 인성, 다양성,

전문성, 창의성입니다. 이 다섯 가지가 균형있게 이루어질 때 전인적인 사람이 됩니다. 이중 가장 중요한 교육의 뿌리는 영성입니다. 영성은 자녀를 키울 때 가장 중요하게 생각해야 할 부분입니다. 특히 자녀가 어릴수록 영성은 매우 중요합니다. 하지만 대부분의 부모는 영성을 무시하고 전문성과 창의성 교육에 집중합니다. 그것은 모래 위에 기초를 세우는 것과 같은 어리석은 일입니다.

예수님은 산상 수훈에서 지혜로운 자는 반석 위에 집을 세운다고 말씀하셨습니다. 반석 위에 집을 세우면 어떤 시련이 와도 흔들리지 않고 굳건히 서게 됩니다. 반석은 영성 영역입니다. 영성을 튼튼히 하면 평생 자녀가 흔들리지 않고 행복하게 살 수 있습니다.

어떻게 하면 영성을 바르게 다질 수 있을까요? 그 도구가 바로 말씀과 기도입니다. 자녀가 어릴 때부터 말씀과 기도로 무장시켜야 합니다. 자녀에게 말씀과 기도의 옷을 입히십시오. 그러면 세상을 너끈히 이기는 믿음의 사람으로 자라날 것입니다.

그러므로 하나님의 전신 갑주를 취하라 이는 악한 날에 너희가 능히 대적하고 모든 일을 행한 후에 서기 위함이라 그런즉 서서 진리로 너희 허리 띠를 띠고 의의 호심경을 붙이고 평안의 복음이 준비

한 것으로 신을 신고 모든 것 위에 믿음의 방패를 가지고 이로써 능히 악한 자의 모든 불화살을 소멸하고 구원의 투구와 성령의 검 곧 하나님의 말씀을 가지라 모든 기도와 간구를 하되 항상 성령 안에서 기도하고 이를 위하여 깨어 구하기를 항상 힘쓰며 여러 성도를 위하여 구하라(엡6:13-18)

이 책을 통해 소중한 우리 자녀에게 평생 이길 수 있는 전신갑주를 입히길 바랍니다. 세상의 가치관과 사상과 문화가 아이들을 점령하기 전에 말씀과 기도로 자녀의 영혼을 입히면 이 보다 더 좋은 자녀 교육은 없을 것입니다.

《자녀를 위한 말씀 기도문 40일》은 내 생각을 구하는 기도문과 다르게 말씀으로 기도하는 특징이 있습니다. 제시된 성경 말씀을 자녀들에게 다섯 번 이상 반복하여 읽어 주고 같이 암송할 수 있으면 좋겠습니다. 그리고 말씀을 토대로 자신의 언어로 하나님께 기도한다면 어느새 기도하는 습관이 생길 것입니다.

자녀가 어리다면 부모가 계속 읽고 기도해 주십시오. 자녀가 성장하면 같이 기도문을 읽으면서 기도하십시오. 나중에는 이 책을 토대로 자신만의 기도문을 만들 수도 있습니다.

바라기는 이 작은 책이 혼탁한 세상 속에서 거룩한 하나님의 자녀로 키워내는 마중물 역할을 하기를 기도합니다. 40일 동안 할 수 있도록 기도문을 제시했지만 반복하여 계속 사용할 수 있습니다.

말씀과 기도를 통해 하나님과 소통하는 법을 어릴 때부터 키우는 것이 중요합니다. 어린 사무엘처럼 "주여 말씀하옵소서. 주의 종이 듣겠나이다"는 자세를 갖고 먼저 말씀을 듣고 그것에 응답하는 마음으로 기도를 하면 효과적입니다. 비록 작은 기도문이지만 자녀를 변화시키는 데 큰 기적의 도구가 될 수 있습니다. 하나님을 기쁘시게 하고 이웃을 사랑하는 주님을 닮은 자녀들이 이 기도문을 통하여 세워지기를 기도합니다.

아름답고 예쁘게 잘 자라준 아들 샘과 딸 기쁨, 그리고 두 자녀를 말씀과 기도로 키우는 데 힘쓴 사랑하는 아내에게 감사를 전하고, 지금까지 인도하신 하나님께 모든 영광을 올립니다.

저자 이대희

차례

들어가면서 • 2

1부 자녀의 믿음을 위한 기도

1일 | 하나님을 경외하며 살게 하소서 • 12
2일 | 하나님을 사랑하게 하소서 • 16
3일 | 구원의 길을 걷게 하소서 • 20
4일 | 하나님의 형상대로 살게 하소서 • 24
5일 | 성령님을 경험하게 하소서 • 28

2부 자녀의 신앙 성장을 위한 기도

6일 | 죄인임을 알게 하소서 • 34
7일 | 믿음이 자라게 하소서 • 38
8일 | 인생을 두려워하지 않게 하소서 • 42
9일 | 예수님을 닮게 하소서 • 46
10일 | 말씀대로 살게 하소서 • 50
11일 | 잘못했을 때 회개하게 하소서 • 54

3부 자녀의 아름다운 성품을 위한 기도

12일 | 좋은 성품을 갖게 하소서 • 60

13일 | 하나님과 사람에게 신뢰받게 하소서 • 64

14일 | 경청하는 사람이 되게 하소서 • 68

15일 | 자기가 한 일에 책임지게 하소서 • 72

16일 | 긍정적인 태도를 갖게 하소서 • 76

17일 | 남을 배려하게 하소서 • 80

18일 | 친절한 사람이 되게 하소서 • 84

4부 자녀의 좋은 인성을 위한 기도

19일 | 사람과 좋은 관계를 맺게 하소서 • 90

20일 | 따스한 감정을 품게 하소서 • 94

21일 | 정직한 마음을 갖게 하소서 • 98

22일 | 올바른 생각을 갖게 하소서 • 102

23일 | 깨달은 것을 실천하게 하소서 • 106

24일 | 좋은 인성을 갖게 하소서 • 110

5부 자녀의 개성을 위한 기도

25일 | 지혜를 삶에 적용하게 하소서 • 116

26일 | 기억력을 더해 주소서 • 120

27일 | 영적 사고력을 주소서 • 124

28일 | 자기의 개성을 찾게 하소서 • 128

29일 | 하나님이 주신 은사를 발견하게 하소서 • 132

30일 | 강점을 키우게 하소서 • 136

6부 자녀의 건강한 몸과 감각을 위한 기도

31일 | 바른 자세와 습관을 갖게 하소서 • 142

32일 | 균형 있는 감각을 갖게 하소서 • 146

33일 | 하나님이 주신 몸과 성을 거룩하게 하소서 • 150

34일 | 건강한 몸을 주소서 • 154

35일 | 좋은 음식을 균형있게 섭취하게 하소서 • 158

36일 | 건전한 오락과 놀이를 즐기게 하소서 • 162

7부 자녀의 창의성을 위한 기도

37일 | 지혜와 분별력을 주소서 • 168
38일 | 배운 것을 실천하게 하소서 • 172
39일 | 뛰어난 창의력을 주소서 • 176
40일 | 섬기는 리더가 되게 하소서 • 180

1부

자녀의 믿음을
위한 기도

1일

하나님을 경외하며 살게 하소서

일의 결국을 다 들었으니 하나님을 경외하고 그의 명령들을 지킬지어다 이것이 모든 사람의 본분이니라(전 12:13)

여호와를 경외하는 것이 지식의 근본이거늘 미련한 자는 지혜와 훈계를 멸시하느니라(잠 1:7)

여호와를 경외하며 그의 길을 걷는 자마다 복이 있도다 (시 128:1)

만물의 주인이신 하나님을 찬양합니다.
우리 _____ (이)가 인생의 주인이 하나님이심을
믿게 하소서.

세상을 살아가는 데 가장 중요한 것이
하나님을 경외하는 것임을 알게 하시고
그 말씀대로 사는 것이
가장 잘사는 길임을 깨닫게 하소서.
하나님을 사랑하고 하나님을 찬양하는 것이
사람의 본분임을 하루 빨리 경험하게 하소서.

모든 지식과 지혜가 하나님을 경외하는 데서
시작됨을 터득하게 하소서.
물고기가 물을 떠나면 죽는 것처럼
하나님을 떠나는 것이 죽음에 이르는 무서운
길임을 알게 하소서.

하나님을 무시하는 사람이 가장 어리석은

사람인 것을
마음 깊이 깨닫고
오직 주님을 경외함으로 평생 살게 하소서.

어디서든지,
어느 때든지,
무엇을 하든지,
하나님을 경외하는
우리 _____ (이)가 되게 하시고
하나님의 영원한 복을 받고 살게 하소서.

예수님의 이름으로 기도합니다. 아멘.

나의 기도

2일

하나님을 사랑하게 하소서

이스라엘아 들으라 우리 하나님 여호와는 오직 유일한 여호와 이시니 너는 마음을 다하고 뜻을 다하고 힘을 다하여 네 하나님 여호와를 사랑하라 (신 6:4-5)

오직 이것을 기록함은 너희로 예수께서 하나님의 아들 그리스도이심을 믿게 하려 함이요 또 너희로 믿고 그 이름을 힘입어 생명을 얻게 하려 함이니라 (요 20:31)

너희 안에서 착한 일을 시작하신 이가 그리스도 예수의 날까지 이루실 줄을 우리는 확신하노라 (빌 1:6)

오직 한 분이신 하나님을 찬양합니다.
사랑하는 우리 _____ (이)가 하나님을
신뢰하게 하소서.
마음과 뜻과 힘을 다하여 하나님만을 사랑하는
믿음을 주소서.

이 세상에 믿을 분은
오직 하나님이심을 알게 하시고
어떤 상황에서도
예수님만 의지하면서 살게 하소서.
살다가 어려운 일이 닥칠 때면 쉽게 포기하지 말고
주님을 바라보고 의지하게 하소서.

예수님이 우리 안에 거하시고
영원토록 우리와 함께하심을 감사합니다.
우리 _____ (이)가 이런 사실을 믿고
살아가게 하소서.

예수님이 주신 영원한 생명을 감사하며
세상에서 승리하는 삶이 되게 하소서.

하나님은 선하신 분임을 믿습니다.
사랑하는 우리 _____ (이)를 통하여
이루실 하나님의 선하신 계획을 믿고
신뢰합니다.
주님의 날에 이루실 소망을 바라보면서
끝까지 믿음을 지키게 하소서.

내가 이루는 것이 아니라 하나님이 이루심을
기도로 확신하게 하소서.
아무리 힘든 상황이 와도 선하신 하나님의 뜻을
신뢰하며 인내하면서 나가게 하소서.

예수님의 이름으로 기도합니다. 아멘.

나의 기도

3일

구원의 길을 걷게 하소서

다른 이로써는 구원을 받을 수 없나니 천하 사람 중에 구원을 받을 만한 다른 이름을 우리에게 주신 일이 없음이라 하였더라(행 4:12)

주 예수를 믿으라 그리하면 너와 네 집이 구원을 받으리라 (행 16:31)

하나님의 성령을 근심하게 하지 말라 그 안에서 너희가 구원의 날까지 인치심을 받았느니라(엡 4:30)

구원의 주님을 찬양합니다.
사랑하는 우리 _____ (이)가 구원을 베푸시는
하나님을 만나게 하소서.
죄악된 인간을 구원하기 위해 세상에 오신 예수님을
구원의 하나님으로 믿게 하소서.

인간의 몸을 입고 세상에 오신
하나님이 곧 예수님이십니다.
인간을 구원하실 분은 오직 하나님뿐입니다.
누구든지 예수님을 믿으면 구원을 받는다는
놀라운 소식을 우리 _____ (이)도
받아들이게 하시고 주님을 영접하게 하소서.

입으로만 주님이라 부르지 말고
마음으로 믿어 의에 이르고
입으로 시인하여 구원을 받게 하소서.
예수님을 믿으면 그 순간 성령님이 들어오심을
확신하게 하소서.

성령님이 우리 _____ (이)와 영원토록 함께하심을
감사하고 찬양하며 살게 하소서.

한 번 받은 구원은 영원히 사라지지 않고
하나님이 지켜주심을 믿고
불안해하지 않게 하소서.
내가 하나님을 믿은 것이 아니라
하나님이 나에게 성령을 주셔서
믿게 됨을 알게 하소서.

비록 세상에서 힘든 삶을 살지만
마음으로는 주님과 영원히 살게 됨을 확신하며
믿음을 끝까지 지키게 하소서.

예수님의 이름으로 기도합니다. 아멘.

나의 기도

4일
하나님의 형상대로 살게 하소서

나 곧 내 영혼은 여호와를 기다리며 나는 주의 말씀을 바라는 도다(시 130:5)

하나님이 자기 형상 곧 하나님의 형상대로 사람을 창조하시되 남자와 여자를 창조하시고(창 1:27)

하나님이 지으신 그 모든 것을 보시니 보시기에 심히 좋았더라 (창 1:31)

하나님의 형상대로 우리를 창조하심을
찬양합니다.
사랑하는 우리 _____ (이)가
자신의 소중함을 알게 하소서.
하나님의 형상을 닮은 거룩한 존재임을 깨닫고
자존감을 갖고 살게 하소서.

어디서든지 하나님의 형상을 입은
사람인 것을 감사하며
누구를 만나든지 당당하게 살게 하소서.
선하고 아름다운 하나님의 성품을
닮은 자신을 바라보며
이 세상에 그 빛을 나타내도록 하소서.

우리 _____ (이)가
육신의 즐거움을 좇지 않게 하시고
그 영혼이 하나님을 기다리며
하나님의 말씀을 사모하게 하소서.

하나님이 지으신 모든 것을 보며
심히 좋았더라고 하신 것처럼
우리 _____ (이)의 삶이
하나님께 칭찬받는 삶이 되게 하소서.

하나님의 형상을 닮아
바른 것을 생각하고
진리를 지키고
선하게 행동하는
우리 _____ (이)가 되게 하옵소서.

정직하고 아름다운 영혼이 되기 위해서는
늘 하나님과 교제하며
마음에 하나님을 느껴야 하겠습니다.
타락한 세상 문화에 이끌리지 말고
하나님 말씀을 지키며 살게 하소서.

예수님의 이름으로 기도합니다. 아멘.

나의 기도

5일
성령님을 경험하게 하소서

보혜사 곧 아버지께서 내 이름으로 보내실 성령 그가 너희에게 모든 것을 가르치고 내가 너희에게 말한 모든 것을 생각나게 하리라 (요 14:26)

오직 성령이 너희에게 임하시면 너희가 권능을 받고 예루살렘과 온 유대와 사마리아와 땅 끝까지 이르러 내 증인이 되리라 하시니라 (행 1:8)

사람들이 너희를 끌어다가 넘겨 줄 때에 무슨 말을 할까 미리 염려하지 말고 무엇이든지 그 때에 너희에게 주시는 그 말을 하라 말하는 이는 너희가 아니요 성령이시니라 (막 13:11)

성령으로 우리와 함께하신 하나님을 찬양합니다.
주님을 믿으면 성령을
선물로 보내주겠다고 하셨으니
우리 _____ (이)가 영원토록 동행하시는
하나님을 영으로 알게 하소서.
우리 _____ (이)가 성령의 은혜를 경험하며,
어디서나 성령님과 동행하게 하소서.

성령의 역사를 통하여 생각나고 기억나게 하시는
인격적인 하나님을 믿게 하소서.
말씀을 읽으면서
이해하기 어려운 것을 알 수 있는 은혜를 주소서.

성령의 능력을 받아 이웃에게 복음을 전하는
증인이 되게 하시고
늘 주님의 은혜 가운데 거하게 하소서.
복음을 전하다가 무슨 말을 해야 할지 모를 때
성령의 역사로 꼭 필요한 말을 전하게 하소서.

천국에 대한 소망을 주시고
내 안에 계시는 하나님을 인정하고
그분의 음성을 듣게 하소서.

육신을 좇지 않고 성령을 따라 행하는
성령의 사람이 되게 하소서.

예수님의 이름으로 기도합니다. 아멘.

나의 기도

2부

자녀의 신앙 성장을 위한 기도

6일

죄인임을 알게 하소서

미쁘다 모든 사람이 받을 만한 이 말이여 그리스도 예수께서 죄인을 구원하시려고 세상에 임하셨다 하였도다 죄인 중에 내가 괴수니라(딤전 1:15)

모든 사람이 죄를 범하였으매 하나님의 영광에 이르지 못하더니(롬 3:23)

우리가 아직 죄인 되었을 때에 그리스도께서 우리를 위하여 죽으심으로 하나님께서 우리에 대한 자기의 사랑을 확증하셨느니라(롬 5:8)

죄인을 구원하러 오신 주님을 찬양합니다.
우리 _____ (이)가 자신이 죄인임을 알게 하소서.
인간이 죄악 가운데 출생했음을 깨닫게 하시고
내가 죄인 중에 괴수임을 알게 하옵소서.
나를 사랑하셔서 나를 위해 죽으신
예수님을 인격적으로 만나게 하시고
십자가의 의미를 깨닫게 하소서.

주님은 우리가 죄인되었을 때
십자가에서 죽으셨습니다.
이것이 우리를 향한 하나님 사랑의 증표입니다.
이렇게 기쁜 소식인 복음을 우리 _____ (이)가
가슴 깊이 받아들이게 하소서.

그리하여 더 이상 죄에 매여 살지 않고
죄에서 해방되는 복을 누리게 하소서.
인생의 주인이 내가 아니라 하나님임을 알게 하시고
하나님께 순종하는 자녀가 되게 하소서.

하나님이 나를 너무나 사랑하심을 깨닫고
생활 속에서 늘 감사하게 하시고
주님을 자랑하는 사람이 되게 하소서.

예수님의 이름으로 기도합니다. 아멘.

나의 기도

7일
믿음이 자라게 하소서

믿음의 결국 곧 영혼의 구원을 받음이라(벧전 1:9)

복음에는 하나님의 의가 나타나서 믿음으로 믿음에 이르게 하나니 기록된 바 오직 의인은 믿음으로 말미암아 살리라 함과 같으니라(롬 1:17)

형제들아 우리가 너희를 위하여 항상 하나님께 감사할지니 이것이 당연함은 너희의 믿음이 더욱 자라고 너희가 다 각기 서로 사랑함이 풍성함이니(살후 1:3)

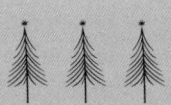

믿음의 주요 온전케 하신 하나님을 찬양합니다.
우리 _____ (이)의 믿음을 충만하게 하여 주소서.
하나님이 구원을 주셨음을 신뢰하며
어떤 경우에도 흔들리지 않고
믿음을 지키게 하소서.
행위가 아닌 오직 믿음으로
구원받았음을 확신하게 하소서.

믿음으로 하나님의 자녀가 되었으니
의인으로 살게 하소서.
그리하여 어떤 고난도 이기게 하시고
죄와 타협하지 않게 하소서.

믿음의 열매를 맺게 하시고
항상 감사하고 즐거워하게 하소서.
환경의 지배를 받지 않고
하나님이 주신 믿음으로 이기게 하소서.
이렇게 함으로 믿음이 점점 자라

그리스도의 장성한 분량에 이르게 하소서.
믿음이 점점 성장하여
세상 속에서 하나님께 영광 돌리고
사람들에게는 칭찬 받는 사람이 되게 하소서.

예수님의 이름으로 기도합니다. 아멘.

나의 기도

8일

인생을 두려워하지 않게 하소서

여호와는 나의 빛이요 나의 구원이시니 내가 누구를 두려워하리요 여호와는 내 생명의 능력이시니 내가 누구를 무서워하리요(시 27:1)

내가 여호와께 간구하매 내게 응답하시고 내 모든 두려움에서 나를 건지셨도다(시 34:4)

하나님이 우리에게 주신 것은 두려워하는 마음이 아니요 오직 능력과 사랑과 절제하는 마음이니(딤후 1:7)

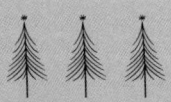

우리의 구원자가 되시고 방패가 되시는
하나님을 찬양합니다.
우리 _____ (이)에게 마음의 평화를 주소서.

인생을 살다 보면 두려운 일이 닥칠 것입니다.
내 마음대로 되지 않아 마음이 속상하고
다른 사람에게 비난 받을까 두렵기도 할 것입니다.
그리고 육신의 병과 안전과 미래에 대한 염려가
마음을 힘들게 할 때가 있을 것입니다.
이때마다 모든 걱정과 염려를 주님께 맡기고
하나님을 신뢰함으로 평강을 얻게 하소서.

하나님은 우리의 빛이요 구원이요 방패가 되시기에
우리는 두려워하지 않습니다.
하나님을 아버지로 믿는 자녀는 어디서나
두려워하지 않습니다.
주께서 우리를 지켜주시고 도와주시기 때문입니다.
생명은 하나님만이 주관하십니다.

아무리 나를 해하려고 해도
하나님이 지켜 주시면 우리는 안전합니다.

두렵고 무서울 때는 하나님께 간구하게 하소서.
하나님이 주시는 평안의 마음을 갖게 하소서.
두려움은 하나님이 주시는
마음이 아님을 믿게 하소서.
힘을 얻고 깨어서 하나님을 신뢰하면
하나님이 도와주실 줄 믿습니다.

어릴 때부터 사람에게 피하기보다는
기도하면서 하나님께 피하는 법을 체득하게 하소서.

예수님의 이름으로 기도합니다. 아멘.

나의 기도

9일 예수님을 닮게 하소서

너희 안에 이 마음을 품으라 곧 그리스도 예수의 마음이니 그는 근본 하나님의 본체시나 하나님과 동등됨을 취할 것으로 여기지 아니하시고 오히려 자기를 비워 종의 형체를 가지사 사람들과 같이 되셨고 사람의 모양으로 나타나사 자기를 낮추시고 죽기까지 복종하셨으니 곧 십자가에 죽으심이라(빌 2:5-8)

나의 자녀들아 너희 속에 그리스도의 형상을 이루기까지 다시 너희를 위하여 해산하는 수고를 하노니(갈 4:19)

내가 그리스도와 그 부활의 권능과 그 고난에 참여함을 알고자 하여 그의 죽으심을 본받아 어떻게 해서든지 죽은 자 가운데서 부활에 이르려 하노니(빌 3:10-11)

우리 삶의 모델이신 주님을 찬양합니다.
사랑하는 우리 _____ (이)가 예수님을
닮아 가게 하시고,
주님의 마음을 품게 하소서.
높은 하늘 보좌를 버리고 낮은 이 땅에 오신
예수님의 겸손함을 본받아
가난하고 소외된 이웃을 사랑하게 하소서.
자기를 낮추고 상대방을 높이는
자세를 갖게 하소서.
예수님의 십자가 정신을 닮아
이웃을 내 몸처럼 사랑하게 하소서.

우리 _____ (이)가 주님을 본받는 사람이
되게 하소서.
그리스도의 형상을 이루어 가게 하시고
이것을 위해 자신을 죽이는 삶을 살게 하소서.
날마다 자신을 죽였던 바울을 본받아
주님을 닮기 위하여 자신을 비우게 하소서.

우리의 죄를 용서하시기 위해
고난당하시고 죽으시고 부활하신
주님의 모습을 마음에 품고
작은 예수의 모습을 실천하게 하소서.
주님을 알지 못하는 사람들에게
복음을 전하게 하시고
복음과 함께 고난당하는 것을
두려워하지 않게 하소서.

인생의 주인이신 주님의 삶을 닮는 열정을 주시고
그리스도의 형상을 이루기 위해 자신을 드리는
믿음을 주소서.

예수님의 이름으로 기도합니다. 아멘.

나의 기도

10일

말씀대로 살게 하소서

주의 말씀은 내 발에 등이요 내 길에 빛이니이다 (시 119:105)

대저 하나님의 모든 말씀은 능하지 못하심이 없느니라 (눅 1:37)

하나님의 말씀은 살아 있고 활력이 있어 좌우에 날선 어떤 검보다도 예리하여 혼과 영과 및 관절과 골수를 찔러 쪼개기까지 하며 또 마음의 생각과 뜻을 판단하나니 (히 4:12)

말씀이신 하나님을 찬양합니다.
인생의 시작도 말씀이요
마침도 말씀인 것을
우리 _____ (이)가 알게 하소서.
언제 어디서든지 진리의 말씀에 순종하는
사람이 되게 하소서.
주의 말씀이 인생의 등불이요
빛이신 것을 깨닫게 하시고
항상 말씀과 함께하는 삶을 살게 하소서.

하나님이 말씀하시면
능치 못할 일이 없음을 믿게 하소서.
세상에서는 불가능한 일이 있을지라도
하나님이 함께하시면 모든 것이
가능함을 알게 하소서.
하나님의 말씀은 생기가 있고
어떤 칼보다 예리하여 우리의 영과 혼을 찌르고
병든 몸을 치료함을 믿습니다.

또 마음과 생각을 파악하시어
우리가 잘못된 길을 갈 때 바르게 인도하시고
진리에 이르게 하는 능력임을 믿습니다.

말씀을 사모하는 마음을 주시어
생활 속에서 늘 말씀을 가까이하게 하소서.
말씀을 읽고 듣고 암송하면서
마음과 생각을 무장하게 하소서.

말씀으로 마음을 지켜 주소서.
세상의 유혹과 시험이 닥칠 때마다
마음에 새긴 말씀으로 승리하게 하소서.
세상의 말보다 말씀을 사모하게 하소서.

예수님의 이름으로 기도합니다. 아멘.

나의 기도

11일

잘못했을 때 회개하게 하소서

회개하라 천국이 가까이 왔느니라 하였으니(마 3:2)

내가 너희에게 이르노니 이와 같이 죄인 한 사람이 회개하면 하늘에서는 회개할 것 없는 의인 아흔아홉으로 말미암아 기뻐하는 것보다 더하리라(눅 15:7)

내가 의인을 부르러 온 것이 아니요 죄인을 불러 회개시키러 왔노라(눅 5:32)

용서하시는 하나님을 찬양합니다.
인생을 살다 보면 잘못을 저지를 때가 많습니다.
생각지 않게 죄를 반복하는
연약함이 나타날 수 있습니다.
그때마다 우리 _____ (이)가 자책하지 않게 하시고
하나님께 나아와 용서를 구하게 하소서.

인간은 행함으로는
누구도 구원받을 수 없음을 믿고
죄의 노예가 되지 않게 하소서.

하나님은 한 사람이 회개하고 돌아오는 것을
아주 기뻐하시는 분임을 믿게 하소서.
잃은 양 한 마리를 찾아나서는 주님의 모습을
그려 보면서 죄를 지었을 때는 즉시 회개하고
주님 앞에 나와 용서를 구하게 하소서.

사람은 죄인이라 누구든지

죄를 범할 수 있음을 알게 하소서.
그렇기에 나도 다른 사람의
잘못을 정죄하지 않게 하소서.

주님이 세상에 의인을 부르러 오신 것이 아니라
죄인을 부르러 오셨음을 믿고
죄를 지었을 때는 즉시 용서를 구하게 하소서.
우리를 위해 죽으신 예수님의 십자가의
용서를 바라보게 하소서.

용서받았으면 더 이상 범죄하지
않게 도와주소서.
자신을 의지할 때는 또다시 죄를
지을 수밖에 없음을 알고
날마다 주님을 의지하며
십자가 앞으로 나가는 삶을 살게 하소서.

예수님의 이름으로 기도합니다. 아멘.

나의 기도

3부

자녀의
아름다운 성품을
위한 기도

12일

좋은 성품을 갖게 하소서

너희가 더욱 힘써 너희 믿음에 덕을, 덕에 지식을, 지식에 절제를, 절제에 인내를, 인내에 경건을, 경건에 형제 우애를, 형제 우애에 사랑을 더하라(벧후 1:5-7)

오직 성령의 열매는 사랑과 희락과 화평과 오래 참음과 자비와 양선과 충성과 온유와 절제니 이같은 것을 금지할 법이 없느니라(갈 5:22-23)

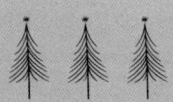

거룩하신 하나님을 찬양합니다.
우리 _____ (이)의 성품을 위해 기도합니다.
말보다 성품으로 이야기하게 하소서.
성품으로 인격을 다져
사람에게 칭찬 받는 사람이 되게 하소서.

평생을 결정하는 성품이
어릴 때 형성됨을 믿습니다.
주님, 간절히 원하기는
주님의 자녀인 우리 _____ (이)가
주님의 거룩한 성품을 닮게 하소서.

어디서나 신뢰할 수 있는 믿음을 키워 주시고
모두를 행복하게 하는 덕을 세워 주시고
하나님을 아는 지식이 자라가게 하소서.
지식으로 교만하지 않도록 절제를 주시고
끝까지 참고 인내하게 하소서.

오직 하나님의 능력으로 경건을 이루게 하소서.
하나님을 사랑하는 만큼
가까운 형제를 사랑하게 하시고
형제뿐만 아니라 이웃까지 사랑하는
넓은 마음을 주소서.

특히 성령의 열매를 맺게 하소서.
사랑하고, 기뻐하고, 화평하며
오래 참는 마음을 주소서.
어디서나 신실함을 갖게 하시고
사람을 대할 때 온유하고 선한 성품을 갖게 하소서.

예수님의 이름으로 기도합니다. 아멘.

나의 기도

13일
하나님과 사람에게 신뢰받게 하소서

너는 마음을 다하여 여호와를 신뢰하고 네 명철을 의지하지 말라(잠 3:5)

너희는 여호와를 영원히 신뢰하라 주 여호와는 영원한 반석이심이로다(사 26:4)

요셉이 그의 주인에게 은혜를 입어 섬기매 그가 요셉을 가정 총무로 삼고 자기의 소유를 다 그의 손에 위탁하니(창 39:4)

신실하신 하나님을 찬양합니다.
사랑하는 우리 _____ (이)에게 믿음을 더하시어
평생 하나님만 신뢰하게 하소서.

아무리 힘든 상황이 오더라도
하나님의 인도하심을 따라
언제든지 믿음으로 살게 하소서.
자신을 의지하지 않게 하시고
마음을 다하여 하나님만 의지하게 하소서.
오직 하나님을 신뢰하게 하소서.

좋은 믿음을 통하여 주변 사람에게도 신뢰 받는
신실한 주님의 자녀가 되게 하소서.
고난을 통하여 하나님을 신뢰하는 법을
배우게 하시고,
인내하고 연단하여
아브라함처럼 온전히 주님을 신뢰하는
자녀가 되게 하소서.

요셉처럼 어떤 상황에서도 주님을 신뢰함으로
하나님이 주시는 복을 경험하게 하소서.

하루하루 하나님을 신뢰하며
기적을 체험하는 사람이 되게 하시고
그 일을 통하여 영원하신 하나님을
전파하게 하소서.
하나님의 충성과 신실하심을 배워
가정과 친구와 이웃 속에서도
신뢰할 수 있는 사람으로 자라게 하소서.
하나님을 믿으면 축복받는다는 것을
삶으로 증거하는 주님의 제자가 되게 하소서.

예수님의 이름으로 기도합니다. 아멘.

나의 기도

14일
경청하는 사람이 되게 하소서

지혜로운 사람의 책망을 듣는 것이 우매한 자들의 노래를 듣는 것보다 나으니라 (전 7:5)

듣는 귀와 보는 눈은 다 여호와께서 지으신 것이니라 (잠 20:12)

순종이 제사보다 낫고 듣는 것이 숫양의 기름보다 나으니 (삼상 15:22)

우리의 기도를 늘 들으시는 하나님을 찬양합니다.
사랑하는 우리 _____ (이)에게
경청의 은혜를 주소서.
귀를 열어 주셔서
먼저 하나님의 말씀을 잘 듣게 하소서.
어리석은 사람의 말은 거부하되
지혜로운 사람의 말,
주님을 사랑하는 사람의 말은 잘 경청하게 하소서.

하나님이 귀를 두 개 만드셔서
잘 듣도록 하셨습니다.
육신의 귀에 들리는 소리만 듣지 말고
영으로 들리는 음성도 마음으로 듣게 하소서.
좋은 소리만 듣지 말고
책망의 소리도 감사함으로 잘 듣게 하소서.

순종이 제사보다 낫고
듣는 것이 숫양의 기름보다 나음을 알게 하시고

하나님과 사람 앞에서
늘 순종하는 자녀가 되게 하소서.

듣는 귀를 주시어 지혜를 더하시고
악한 소리를 분별할 수 있는 능력을 주소서.
매순간 들려주시는 하나님의 음성을 듣게 하시고
말씀을 통하여 들려주시는 성령의 음성을 듣는
우리 _____ (이)가 되게 하소서.
사무엘처럼 "주의 종이 듣겠나이다"라고
순종하는 사람이 되어
민족과 사회를 하나님께로 이끄는
선한 도구가 되게 하소서.

예수님의 이름으로 기도합니다. 아멘.

우리의 기도를 늘 들으시는 하나님을 찬양합니다.
사랑하는 우리 _____ (이)에게
경청의 은혜를 주소서.
귀를 열어 주셔서
먼저 하나님의 말씀을 잘 듣게 하소서.
어리석은 사람의 말은 거부하되
지혜로운 사람의 말,
주님을 사랑하는 사람의 말은 잘 경청하게 하소서.

하나님이 귀를 두 개 만드셔서
잘 듣도록 하셨습니다.
육신의 귀에 들리는 소리만 듣지 말고
영으로 들리는 음성도 마음으로 듣게 하소서.
좋은 소리만 듣지 말고
책망의 소리도 감사함으로 잘 듣게 하소서.

순종이 제사보다 낫고
듣는 것이 숫양의 기름보다 나음을 알게 하시고

하나님과 사람 앞에서
늘 순종하는 자녀가 되게 하소서.

듣는 귀를 주시어 지혜를 더하시고
악한 소리를 분별할 수 있는 능력을 주소서.
매순간 들려주시는 하나님의 음성을 듣게 하시고
말씀을 통하여 들려주시는 성령의 음성을 듣는
우리 _____ (이)가 되게 하소서.
사무엘처럼 "주의 종이 듣겠나이다"라고
순종하는 사람이 되어
민족과 사회를 하나님께로 이끄는
선한 도구가 되게 하소서.

예수님의 이름으로 기도합니다. 아멘.

나의 기도

15일
자기가 한 일에 책임지게 하소서

지극히 작은 것에 충성된 자는 큰 것에도 충성되고 지극히 작은 것에 불의한 자는 큰 것에도 불의하니라(눅 16:10)

그리고 맡은 자들에게 구할 것은 충성이니라(고전 4:2)

너는 장차 받을 고난을 두려워하지 말라 볼지어다 마귀가 장차 너희 가운데에서 몇 사람을 옥에 던져 시험을 받게 하리니 너희가 십 일 동안 환난을 받으리라 네가 죽도록 충성하라 그리하면 내가 생명의 관을 네게 주리라(계 2:10)

우리를 끝까지 책임지시는 하나님을 찬양합니다.
사랑하는 우리 _____ (이)가
하나님이 영원토록 함께하심을 믿게 하소서.
하나님이 언제 어디서나 돌보아 주심을 믿고
자기에게 주어진 일에 충성하게 하소서.

자기가 할 일을 다른 사람에게 미루지 않고
자기가 책임지는 인격을 주소서.
잘못했을 때는 기꺼이 대가를 지불함으로
책임을 지게 하시고, 책임져야 할 것을
다른 사람에게 전가하지 않게 하소서.

믿음은 하나님 앞에서 자기 일을 잘 감당하는
것임을 알게 하시고
매사에 신실함으로 살게 하소서.
잘못했을 때는 용서하시는 하나님의 자비를 알고
주님 앞에 나와 기꺼이 용서와 도우심을
구하게 하소서.

성령의 도우심을 바라고 기도함으로
주님의 자비를 구하게 하소서.
넘어지고 쓰러지는 상황일지라도
다시 일어서서 소망의 주님을 바라보고
맡은 바 책임을 다하게 하소서.

자기에게 맡겨진 책임을 잘 감당함으로
하나님 앞에 설 때 '잘했다' 칭찬 받는
삶을 살게 하소서.
큰일뿐만 아니라 작은 일에도
충성하게 하소서.

예수님의 이름으로 기도합니다. 아멘.

나의 기도

16일

긍정적인 태도를 갖게 하소서

우리가 소망으로 구원을 얻었으매 보이는 소망이 소망이 아니니 보는 것을 누가 바라리요(롬 8:24)

주 여호와여 주는 나의 소망이시요 내가 어릴 때부터 신뢰한 이시라(시 71:5)

내 영혼아 네가 어찌하여 낙심하며 어찌하여 내 속에서 불안해 하는가 너는 하나님께 소망을 두라 나는 그가 나타나 도우심으로 말미암아 내 하나님을 여전히 찬송하리로다(시 42:11)

모든 것이 합력하여 선을 이루게 하시는
하나님을 찬양합니다.
사랑하는 우리 _____ (이)를 축복하시어
긍정적인 사람으로 살게 하소서.
세상을 살다 보면 어려울 때가 많은데
육신의 눈으로 보지 말고
영의 눈으로 보게 하소서.
늘 하나님의 손 안에서 이루어지는
하나님의 선한 역사를 보게 하소서.

보이는 것이 아닌 보이지 않는 소망을 바라보고
보이는 대로 판단하지 말고
하나님의 마음으로 세상을 보면서
불가능한 가운데서도
주님을 찬양하며 살게 하소서
어릴 때부터 하나님을 신뢰하는 법을 배움으로
긍정적인 삶의 태도를 갖게 하소서.

불안해하거나 낙심하며 염려하지 말고
하나님께 소망을 두며
주님의 도우심을 기다리게 하소서
어떤 상황에서도 하나님을 찬양하며 살게 하소서.
그리 아니하실지라도 하나님을 신뢰하며
하나님만으로 기뻐하게 하소서.

주 안에서는 능치 못할 일이 없음을 믿고
불가능한 상황에서도 긍정의 마음을 갖고
믿음으로 살게 하소서.
심리적인 긍정의 믿음이 아닌
하나님을 소망하는 믿음을 갖게 하소서.

예수님의 이름으로 기도합니다. 아멘.

나의 기도

17일

남을 배려하게 하소서

남에게 대접을 받고자 하는 대로 너희도 남을 대접하라
(눅 6:31)

자기 사환 게하시에게 이르되 이 수넴 여인을 불러오라 하니 곧 여인을 부르매 여인이 그 앞에 선지라 엘리사가 자기 사환에게 이르되 너는 그에게 이르라 네가 이같이 우리를 위하여 세심한 배려를 하는도다 내가 너를 위하여 무엇을 하랴 왕에게나 사령관에게 무슨 구할 것이 있느냐 하니 여인이 이르되 나는 내 백성 중에 거주하나이다 하니라(왕하 4:12-13)

형제를 사랑하여 서로 우애하고 존경하기를 서로 먼저 하며
(롬 12:10)

우리의 연약함을 아시고 배려하시는 하나님을
찬양합니다.
사랑하는 우리 _____ (이)가 다른 사람을
배려하는 성품을 갖게 하소서.

내가 소중한 만큼
다른 사람도 소중함을 알게 하소서.
네 이웃을 네 자신같이 사랑하라고
말씀하신 하나님,
내 이웃을 나 자신처럼 사랑으로
배려하는 능력을 주소서.
다른 사람이 요구하기 전에
내가 먼저 상대방의 필요를 알아차리게 하소서.

요셉이 옥에 갇힌 관원장의 고민을
미리 알고 그들에게 다가섰던 것처럼
우리 _____ (이)도 이웃의 아픔을 먼저 알고
그들을 배려하는 마음을 갖게 하소서.

남에게 대접 받고자 하는 대로
남을 대접하는 마음을 주소서.
나의 방식으로, 내가 좋은 대로 대접하지 말고
상대방이 마음을 다치지 않게 배려하며
섬기게 하소서.

형제를 사랑하고 친구 간에 우애하고
존경하기를 먼저 하는 것이 배려임을 알게 하시고
이웃에게 악을 행하는 사람이 되지 않게 하소서.

우리 _____ (이)가 배려함으로 가족이 행복하고
친구가 행복하고 이웃이 행복한
복을 받게 하소서.

예수님의 이름으로 기도합니다. 아멘.

나의 기도

18일

친절한 사람이 되게 하소서

서로 친절하게 하며 불쌍히 여기며 서로 용서하기를 하나님이 그리스도 안에서 너희를 용서하심과 같이 하라(엡 4:32)

이 섬에서 가장 높은 사람 보블리오라 하는 이가 그 근처에 토지가 있는지라 그가 우리를 영접하여 사흘이나 친절히 머물게 하더니(행 28:7)

손님 대접하기를 잊지 말라 이로써 부지중에 천사들을 대접한 이들이 있었느니라(히 13:2)

인간으로 오셔서 목숨을 던져 사랑하신
하나님을 찬양합니다.
사랑하는 우리 _____ (이)가 친절한
사람이 되게 하소서.
어릴 때부터 이웃을 존경하고
귀하게 여기는 마음을 주시고
만나는 모든 사람에게 친절히 대하는
인격을 배우게 하소서.
하나님이 우리를 귀하게 여기듯이
만나는 모든 사람에게 친절을 베풀게 하소서.

손님을 대접하고 배려하고
친절하게 대하는 성품을 갖게 하소서.
아브라함이 손님을 친절히 대접하다가
천사를 대접한 것처럼
우리가 하는 작은 친절이
주님께 한 것임을 알게 하소서.

사랑하는 우리 _____ (이)가
사람을 만나면 인사를 잘하게 하시고
상대방을 무시하지 말고 늘 존경하며
상대방의 필요를 적절하게 채워 주는 사람이
되게 하소서.

억지로 체면으로 하지 말고
주님을 대하듯 기쁜 마음으로
친절을 베풀게 하소서.

예수님의 이름으로 기도합니다. 아멘.

나의 기도

4부

자녀의 좋은 인성을 위한 기도

19일

사람과 좋은 관계를 맺게 하소서

그의 혀로 남을 허물하지 아니하고 그의 이웃에게 악을 행하지 아니하며 그의 이웃을 비방하지 아니하며 (시 15:3)

둘째는 이것이니 네 이웃을 네 자신과 같이 사랑하라 하신 것이라 이보다 더 큰 계명이 없느니라 (막 12:31)

그런즉 거짓을 버리고 각각 그 이웃과 더불어 참된 것을 말하라 이는 우리가 서로 지체가 됨이라 (엡 4:25)

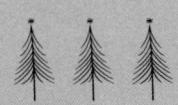

우리를 만드신 창조주 하나님을 찬양합니다.
사랑하는 우리 _____ (이)에게 복을 주시고
하나님의 자녀로 삼아 주시니 감사합니다.
죄인임에도 불구하고 하나님이 의롭다고
인정하신 은혜를 알게 하소서.

하나님의 자녀가 된 것을
감사하게 하시고,
그 은혜로 이웃을 사랑하게 하소서.
주님이 나를 사랑하신 것처럼
이웃을 사랑하고 선을 행하게 하소서.
가족과 친구와 이웃 관계가 불편하지 않게 하소서.

이웃에게 거짓을 말하지 말고
참된 것을 전하는 사람이 되게 하소서.
나의 유익보다 이웃의 유익을 구하는
칭찬 받는 사람이 되게 하소서.
선으로 악을 갚게 하시고

끝까지 주님의 사랑을 베푸는 사람으로
자라게 하소서.

하나님과 관계가 좋은 사람은
당연히 인간관계도 좋게 됨을 알게 하소서.
어릴 때부터 이웃을 사랑하고 아끼는
마음을 주시고
언제 어디서나 필요한 사람이 되게 하소서.

예수님이 하나님과 인간을 화해케 하신 것처럼
이웃과 화평을 실천하는 사람이 되게 하시고
어디서나 화해하는 사람으로 살게 하소서.

예수님의 이름으로 기도합니다. 아멘.

나의 기도

20일

따스한 감정을 품게 하소서

마음의 즐거움은 얼굴을 빛나게 하여도 마음의 근심은 심령을 상하게 하느니라 (잠 15:13)

그러나 자족하는 마음이 있으면 경건은 큰 이익이 되느니라
(딤전 6:6)

평온한 마음은 육신의 생명이나 시기는 뼈를 썩게 하느니라
(잠 14:30)

우리에게 기쁨을 주시는 하나님을 찬양합니다.
사랑하는 우리 _____ (이)가
따스한 감정을 갖고 살게 하소서.
무엇보다도 마음에 깊은 평안과
즐거움이 있게 하시고
마음의 근심에서 벗어나게 하소서.
걱정과 염려는 마음을 상하게 하니
모든 염려를 주님께 맡기며
주님의 평강을 경험하게 하소서.

다른 사람을 배려하며 생각하는
우리 _____ (이)가 되게 하옵소서.
즐거워할 때 함께 즐거워하고
슬퍼할 때 같이 슬퍼하는 사람이 되게 하소서.
나의 감정만 생각하고 다른 사람의 감정에
공감하지 못하는 잘못을 범하지 않게 하소서.

먼저 자신 안에 자족하는 마음을 주시어

건전한 감정을 갖고 살게 하소서.
자기의 감정을 품위 있게 표현하고
다른 사람에게 피해를 주는 일이 생기지 않게
감정을 조절할 수 있는 능력을 주소서.
또한 만나는 사람에게 온유함을 드러내게 하소서.

불안한 마음과 남에게 받은 상처를
하나님을 믿는 믿음으로 이기게 하옵시고,
말씀으로 그 상처를 치유하게 하옵소서.
인간이 주는 상처에 민감하게 반응하지 말고
하나님이 주신 평강으로
미움과 부정적인 마음을 이기게 하소서.

예수님의 이름으로 기도합니다. 아멘.

나의 기도

21일

정직한 마음을 갖게 하소서

만일 네 입술이 정직을 말하면 내 속이 유쾌하리라(잠 23:16)

마음이 청결한 자는 복이 있나니 그들이 하나님을 볼 것임이요 (마 5:8)

하나님이여 내 속에 정한 마음을 창조하시고 내 안에 정직한 영을 새롭게 하소서(시 51:10)

진실하신 하나님을 찬양합니다.
사랑하는 우리 _____ (이)가
모든 일을 정직함으로 시작하게 하시고.
정직하지 않은 일에는 참여하지 않게 하소서.
거짓된 생각을 갖지 않도록 도와주시고
늘 함께하소서.

특히 입술로 거짓을 말하지 않도록
혀를 돌보아 주소서.
정직을 말할 때 마음이 평안하고 즐겁게 하시고
사람을 만나거나, 말을 하거나, 일을 할 때
진실함과 정직을 원칙으로 삼게 하소서.

마음이 청결한 자에게
하나님이 함께하시고
정직할 때 하나님의 음성을 들을 수 있음을
알게 하소서.

인간의 마음은 부패했습니다.
태어날 때부터 거짓된 마음이 있었습니다.
자신의 죄악된 모습을 인정하고
날마다 하나님께 나아가 정직한 마음을
창조해 달라고 기도하게 하소서.
말씀을 통해 진리 안에 거하게 하소서.

예수님의 진리가 늘 마음속에 거함으로
그 진리가 우리 _____ (이)를 자유케 하소서.
날마다 정직한 영으로 새롭게 하시고
이 세상에서 하나님의 진리를 이루는
주님의 제자가 되게 하소서.

예수님의 이름으로 기도합니다. 아멘.

나의 기도

22일

올바른 생각을 갖게 하소서

위의 것을 생각하고 땅의 것을 생각하지 말라 (골 3:2)

육신의 생각은 사망이요 영의 생각은 생명과 평안이니라
(롬 8:6)

내게 주신 은혜로 말미암아 너희 각 사람에게 말하노니 마땅히 생각할 그 이상의 생각을 품지 말고 오직 하나님께서 각 사람에게 나누어 주신 믿음의 분량대로 지혜롭게 생각하라
(롬12:3)

만일 누구든지 무엇을 아는 줄로 생각하면 아직도 마땅히 알 것을 알지 못하는 것이요(고전 8:2)

우리에게 생각을 주신 하나님을 찬양합니다.
사랑하는 우리 _____ (이)가 바른 생각을
갖게 하소서.
오직 인간에게만 있는 생각할 수 있는
능력을 바르게 사용하게 하소서.

아담과 하와는 생각을 잘못 사용하여
하나님을 거역하는 죄를 범했습니다.
주님, 원하옵기는 우리 _____ (이)가
자신의 생각을 주님이 원하시는 일에
사용하게 하소서.
하나님의 일을 생각하고
땅의 일을 생각하지 말게 하소서.

육신의 생각은 멸망에 이르고 열매가 없지만
성령의 생각은 우리에게 생명과 평안을 주시는
하나님의 선물임을 알게 하소서.

언제나 하나님이 주신 분량의 생각으로
분수에 맞는 삶을 살게 하소서.

하나님이 깨닫게 해주시는 범위에서 생각하고
그 안에서 감사하며
자신의 부족함을 인정하게 하소서.
세상을 다 아는 것처럼 자만하지 않게 하소서.

예수님의 이름으로 기도합니다. 아멘.

나의 기도

23일

깨달은 것을 실천하게 하소서

자유롭게 하는 온전한 율법을 들여다보고 있는 자는 듣고 잊어버리는 자가 아니요 실천하는 자니 이 사람은 그 행하는 일에 복을 받으리라(약 1:25)

네가 보거니와 믿음이 그의 행함과 함께 일하고 행함으로 믿음이 온전하게 되었느니라(약 2:22)

자녀들아 우리가 말과 혀로만 사랑하지 말고 행함과 진실함으로 하자(요일 3:18)

약속을 끝까지 지키시는 하나님을 찬양합니다.
사랑하는 우리 _____ (이)가
배운 대로 실천하게 하소서.
입으로만 가르치지 말고
행동으로 실천하는 사람이 되게 하소서.
믿음은 행함으로 이어질 때
바른 신앙인 것을 알게 하시고
온전한 믿음을 구하게 하소서.

생활에서 적용하고 실천하는 능력을 주소서.
사랑으로 실천하며
그리스도의 향기를 풍기는 사람이 되게 하소서.

인간의 힘으로는 실천이 불가능하오니
성령의 도우심으로 진리를 실천하게 하소서.
주님은 실천하는 사람에게 복을 주신다고 했습니다.
진리를 실천하는 데 걸림돌이 되는 자아를
말씀으로 죽이고

성령을 의지하여
그 힘으로 행하게 하소서.

내가 좋아하는 것만 행하지 말고
하나님이 기뻐하시는 것을 행하게 하소서.
실천하려는 마음을 갖고 공부하고 배우게 하소서.

예수님의 이름으로 기도합니다. 아멘.

나의 기도

24일

좋은 인성을 갖게 하소서

서로 마음을 같이하며 높은 데 마음을 두지 말고 도리어 낮은 데 처하며 스스로 지혜 있는 체하지 말라(롬 12:16)

사람의 마음의 교만은 멸망의 선봉이요 겸손은 존귀의 길잡이니라(잠 18:12)

사랑은 오래 참고 사랑은 온유하며 시기하지 아니하며 사랑은 자랑하지 아니하며 교만하지 아니하며(고전 13:4)

좋으신 하나님을 찬양합니다.
사랑하는 우리 _____ (이)가
좋은 인성을 가진 사람이 되게 하소서.
무엇보다 겸손하게 하시고
높은 데 마음을 두지 말고
낮은 곳에 관심을 가지며
스스로 지혜롭다고 여기지 않게 하소서.
교만이 곧 패망의 지름길임을
알게 하시고
하나님 앞에서 자신을 낮추며 살게 하소서.
하나님을 높이고 이웃을 귀하게 여기며
겸손히 사람을 섬기게 하소서.

다른 사람을 무시하는 무례함을 갖지 말고
상대방을 존중하고 귀하게 여기게 하소서.
사랑의 마음으로 대하게 하소서.
오래 참고 온유하며 시기하지 않게 하소서.
자기 자랑을 하지 말고 다른 사람의 마음을

아프게 하지 않게 하소서.
오직 주님을 더욱 의지하고 기도하게 하소서.
주님의 성품을 닮게 하소서.

어디서나 사람에게 칭찬 받는 인품을 주시고
그것을 통하여 주님의 이름이 드러나는
주님의 자녀가 되게 하소서.
모든 것을 주님이 주셨음을 기억하여
무엇을 하든지 주님의 영광을 드러내게 하소서.

예수님의 이름으로 기도합니다. 아멘.

나의 기도

5부
자녀의 개성을 위한 기도

25일
지혜를 삶에 적용하게 하소서

자유롭게 하는 온전한 율법을 들여다보고 있는 자는 듣고 잊어버리는 자가 아니요 실천하는 자니 이 사람은 그 행하는 일에 복을 받으리라 (약 1:25)

네 입으로 말한 것은 그대로 실행하도록 유의하라 무릇 자원한 예물은 네 하나님 여호와께 네가 서원하여 입으로 언약한 대로 행할지니라 (신 23:23)

아아 허탄한 사람아 행함이 없는 믿음이 헛것인 줄을 알고자 하느냐 우리 조상 아브라함이 그 아들 이삭을 제단에 바칠 때에 행함으로 의롭다 하심을 받은 것이 아니냐 (약 2:20-21)

지혜의 근원이신 하나님을 찬양합니다.
사랑하는 우리 _____ (이)가 하나님의 지혜로
충만하게 하소서.

지혜는 지식을 넘어선 실천하는 능력임을
알게 하시고
공부하고 배운 것을 삶에 적용하고
실천하는 지혜를 주소서.

말로만 배우고 머리로만 아는 것은
헛된 공부입니다.
우리 _____ (이)에게 지혜를 주셔서
배우고 공부한 것을 삶에 적용할 수 있게 하옵소서.

아브라함이 믿음을 행함으로
의롭다함을 받은 것처럼
믿음이 행함으로까지 이어지게 하소서.

실천하고 적용하고 싶어도
그것을 응용할 수 있는 힘이 없어
주저하게 될 때가 많습니다.

주님!
기도하옵기는 우리 _____ (이)에게 지혜를 주시어
하나를 알면 열을 깨닫는 지혜와
그것을 삶에 적용할 수 있는 기술을
터득하게 하소서.
하나님의 신비를 알아
세상 사람들에게 유익을 끼치도록
기술로 만들어 내는 힘을 주소서.

무한한 하나님의 세계를
많은 사람들에게 알게 하고
그것을 삶에 적용하는 사람이 되게 하소서.

예수님의 이름으로 기도합니다. 아멘.

나의 기도

26일
기억력을 더해 주소서

사랑하는 자들아 너희는 우리 주 예수 그리스도의 사도들이 미리 한 말을 기억하라(유 1:17)

여호와여 내가 밤에 주의 이름을 기억하고 주의 법을 지켰나이다(시 119:55)

보혜사 곧 아버지께서 내 이름으로 보내실 성령 그가 너희에게 모든 것을 가르치고 내가 너희에게 말한 모든 것을 생각나게 하리라(요 14:26)

우리의 머리털 하나까지 기억하고 세신 바
되시는 하나님을 찬양합니다.
사랑하는 우리 _____ (이)가
기억하시는 하나님을
믿고 신뢰하게 하소서.
어떤 상황에서도 하나님을 의지하게 하소서.

우리 _____ (이)에게 기억력을 더해 주셔서
주님의 말씀을 기억하고
주님이 행하신 은혜를 잊어버리지 않게 하소서.
힘든 상황이 닥쳤을 때 주의 말씀으로
이기게 하소서.

성령의 은혜로
꼭 필요한 것은 기억하게 하시고
불필요한 것은 잊어버리게 하소서.
나쁜 기억이나 좋지 않은 말은 잊어버리게 하시고
선하고 아름다운 것만 생각나게 하소서.

베풀어 주신 하나님의 은혜를 기억하고
그 은혜를 묵상하며 찬양하게 하소서.
이스라엘 백성이 말씀을 잊어버리고
죄에 빠진 것을 기억하여
그것을 본보기로 삼아 하나님께 순종하는
자녀가 되게 하소서.

날마다 기억력을 더하셔서
주의 말씀을 암송하는 힘을 주시고
공부를 할 때도 출중하게 하소서.
예수님처럼 지혜와 키가 자라며
더욱 사랑스러워지게 하소서.

예수님의 이름으로 기도합니다. 아멘.

나의 기도

27일

영적 사고력을 주소서

그리하면 모든 지각에 뛰어난 하나님의 평강이 그리스도 예수 안에서 너희 마음과 생각을 지키시리라(빌 4:7)

여호와를 경외함이 지혜의 근본이라 그의 계명을 지키는 자는 다 훌륭한 지각을 가진 자이니 여호와를 찬양함이 영원히 계속되리로다(시 111:10)

단단한 음식은 장성한 자의 것이니 그들은 지각을 사용함으로 연단을 받아 선악을 분별하는 자들이니라(히 5:14)

지각을 주신 하나님을 찬양합니다.
사랑하는 우리 _____ (이)가 하나님의 지각을
갖게 하소서.
날마다 하나님의 생각을 품게 하시고
마음이 청결하며
사고력이 자라게 하소서.

하나님의 말씀을 지킴으로
좋은 지각을 얻게 하시고
선한 생각으로 하나님의 뜻을 분별하는
능력을 갖게 하소서.

세상이 험하고 살기 어렵습니다.
그러나 아무것도 염려하지 말고 모든 일에
기도와 간구로 구하게 하시고
올바른 사고력을 통하여 실수하지 않고
날마다 말씀을 통하여 바른 분별을 하게 하소서.

하나님을 경외할 때

지혜가 생기고 사고력이 깊어지오니

주님을 사랑하는 마음이 충만하게 하소서.

세상의 얄팍한 생각을 따르지 않고

주님처럼 생각하고

주님처럼 분별하고

주님처럼 행동하게 하소서.

예수님의 이름으로 기도합니다. 아멘.

나의 기도

28일

자기의 개성을 찾게 하소서

새 사람을 입었으니 이는 자기를 창조하신 이의 형상을 따라 지식에까지 새롭게 하심을 입은 자니라(골 3:10)

하나님이 자기 형상 곧 하나님의 형상대로 사람을 창조하시되 남자와 여자를 창조하시고(창 1:27)

내게 주신 은혜로 말미암아 너희 각 사람에게 말하노니 마땅히 생각할 그 이상의 생각을 품지 말고 오직 하나님께서 각 사람에게 나누어 주신 믿음의 분량대로 지혜롭게 생각하라 (롬 12:3)

우리를 세상에서 가장 존귀한 자로 창조하신
하나님을 찬양합니다.
사랑하는 우리 _____ (이)가 하나님 앞에서
귀한 존재임을 알게 하소서.
세상에 오직 하나밖에 없는 가장 소중한
사람인 것을 믿게 하시고
그런 사랑을 받고 있음을 감사하게 하소서.

하나님의 형상대로 지어진
새 사람이기에
하나님의 형상을 닮는 데 최선을 다해
살게 하소서.

지혜를 주시어 하나님이 주신 개성이
무엇인지 잘 발견하게 하소서.
이미 하나님이 주셨음을 믿고
기도하면서 자기의 달란트를 찾게 하소서.

세상에서 유일한 가치를 발견하여
다른 사람과 경쟁하지도,
다른 사람과 비교하지도 않고
자기만의 길을 가게 하소서.
자신의 재능으로 하나님께 영광 돌리고
성공적인 삶을 살게 하소서.

예수님의 이름으로 기도합니다. 아멘.

나의 기도

29일

하나님이 주신 은사를 발견하게 하소서

온갖 좋은 은사와 온전한 선물이 다 위로부터 빛들의 아버지께로부터 내려오나니 그는 변함도 없으시고 회전하는 그림자도 없으시니라(약 1:17)

우리에게 주신 은혜대로 받은 은사가 각각 다르니 혹 예언이면 믿음의 분수대로(롬 12:6)

나는 모든 사람이 나와 같기를 원하노라 그러나 각각 하나님께 받은 자기의 은사가 있으니 이 사람은 이러하고 저 사람은 저러하니라(고전 7:7)

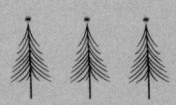

우리에게 은사를 주신 하나님을 찬양합니다.
사랑하는 우리 _____ (이)가
이미 하나님이 선물로 은사를 주셨음을
믿게 하소서.
하나님은 우리를 구원하실 때
영적 은사도 같이 주셨음을 믿습니다.

영적 은사는 인간이 만든 것이 아니라
하나님이 값없이 주신 선물입니다.
영적 은사를 발견하여 그것으로
하나님의 이름을 드러내는 삶을 살게 하소서.

각자마다 은사가 다름을 알고
자신에게 주신 은사를 찾아 사용하게 하소서.
다른 사람의 은사를 부러워하지 말고
자신에게 주신 은사를 감사하게 여기며
그것으로 하나님 나라를 위하여,
자신을 위하여, 이웃을 위하여

아름답게 사용하게 하소서.

하나님의 은혜를 입어
주신 은사를 잘 사용하게 하소서.
덕을 세우는 데 사용하게 하시고
다른 사람을 섬기고 교만하지 않게 하소서.
우리 _____ (이)에게 충만한 은사를 주시어
은혜를 끼치는 삶이 되게 하소서.
세상을 이기는 힘을 얻게 하시고
어떤 어려움도 주님과 함께 이기게 하소서.

예수님의 이름으로 기도합니다. 아멘.

나의 기도

30일

강점을 키우게 하소서

그러므로 내가 나의 안수함으로 네 속에 있는 하나님의 은사를 다시 불일듯 하게 하기 위하여 너로 생각하게 하노니 (딤후 1:6)

나의 자녀들아 너희 속에 그리스도의 형상을 이루기까지 다시 너희를 위하여 해산하는 수고를 하노니 (갈 4:19)

각각 은사를 받은 대로 하나님의 여러 가지 은혜를 맡은 선한 청지기같이 서로 봉사하라 (벧전 4:10)

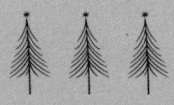

하나님의 형상대로 사람을 지으셨음을
찬양합니다.
세상 어떤 피조물도 인간과 비교할 수 없습니다.
인간은 하나님의 형상을 닮은 존재이기 때문입니다.
사랑하는 우리 _____ (이)가 이런 하나님의 은혜를
깨닫고 감사하게 하소서.

하나님이 주신 은사를 강점으로 키우게 하소서.
아무리 좋은 은사를 주셔도 그 가치를 모르고
땅에 묻어 버린다면 소용이 없을 것입니다.

간절히 기도하옵기는,
우리 _____ (이)가 받은 은사를
강점으로 키울 수 있는 힘을 주소서.
자신의 강점을 사용하여 세상에서
하나님의 뜻을 펼치게 하시고,
은사를 통하여 세상을 이길 수 있는
힘을 얻게 하소서.

은사가 나의 강점이 되기 위해서는
해산의 수고가 필요합니다.
자신을 죽이고 낮추는 겸손함을 갖게 하소서.
그렇게 함으로 자신 속에서
그리스도가 드러나게 하소서.
강점을 자신을 위해서가 아닌
하나님 나라와 의를 위해 사용하게 하소서.

예수님의 이름으로 기도합니다. 아멘.

나의 기도

6부

자녀의 건강한 몸과 감각을 위한 기도

31일

바른 자세와 습관을 갖게 하소서

예수께서 나가사 습관을 따라 감람 산에 가시매 제자들도 따라갔더니(눅 22:39)

모이기를 폐하는 어떤 사람들의 습관과 같이 하지 말고 오직 권하여 그 날이 가까움을 볼수록 더욱 그리하자(히 10:25)

그러므로 형제들아 내가 하나님의 모든 자비하심으로 너희를 권하노니 너희 몸을 하나님이 기뻐하시는 거룩한 산 제물로 드리라 이는 너희가 드릴 영적 예배니라(롬 12:1)

아름다운 몸을 주신 하나님을 찬양합니다.
사랑하는 우리 _____ (이)가 바른 습관을
갖게 하소서.
인간의 욕심대로 몸을 사용하지 않게 하시고
하나님의 선하신 뜻과 질서대로
사용하게 하소서.

처음부터 바른 자세로 앉게 하시고
그것이 좋은 습관으로 자리잡게 하소서.
자기의 몸을 육신의 욕망을 위해
사용하지 말게 하시고
하나님의 거룩한 산 제물이 되게 하소서.

세상 사람들이 행하는
좋지 못한 습관에 빠지지 말고
하나님의 이름을 드러내는 데
자기의 몸을 사용하도록 도와주소서.

하나님이 기뻐하시는 거룩한 습관이
생활에 자리잡게 하소서.

하루를 기도하면서 살게 하시고
자신을 의지하지 말고
온전히 하나님을 의지하게 하소서.

하루를 자기 생각대로 살지 말고
주의 말씀에 따라 순종하는 삶이 되게 하소서.
말씀과 기도로 생활하는 습관을 주소서.
어릴 때부터 이 생활이 몸에 배어 습관이
되게 하소서.
그리하여 세상의 악한 습관이
들어오지 않게 하시고
그것을 거부하는 힘을 주소서.

예수님의 이름으로 기도합니다. 아멘.

나의 기도

32일

균형 있는 감각을 갖게 하소서

그들이 감각 없는 자가 되어 자신을 방탕에 방임하여 모든 더러운 것을 욕심으로 행하되 오직 너희는 그리스도를 그같이 배우지 아니하였느니라(엡 4:19-20)

그리하면 모든 지각에 뛰어난 하나님의 평강이 그리스도 예수 안에서 너희 마음과 생각을 지키시리라(빌 4:7)

우리에게 지각을 주사 우리로 참된 자를 알게 하신 것과 또한 우리가 참된 자 곧 그의 아들 예수 그리스도 안에 있는 것이니 그는 참 하나님이시요 영생이시라(요일 5:20)

우리에게 오감을 주신 하나님을 찬양합니다.

사랑하는 우리 _____ (이)의 오감이
잘 발달하게 하소서.
하나님이 주신
청각, 시각, 미각, 후각, 촉각 등의 감각을
세상이나 육신의 즐거움을 위해
사용하지 않게 하시고
하나님을 영화롭게 하는 데 쓰게 하소서.

시각으로는 하나님의 말씀을 보고 읽게 하시고
청각으로는 하나님의 말씀을 듣게 하시고
미각으로는 하나님의 말씀을 맛보게 하소서.
촉각으로는 하나님의 말씀을 실천하게 하시고
입으로는 말씀을 전하며
발로는 복음을 전하게 하소서.

우리 _____ (이)가 지각을 잘 사용하여

하나님의 말씀을 잘 깨닫게 하소서.
주님이 주신 오감이
균형 있게 발달하여
재능을 잘 발휘하게 하소서.

오감뿐 아니라 오감을 통합하는 육감과
하늘의 은혜를 깨닫는 영감까지 주서서
그것으로 하나님께 영광 돌리는
사람이 되게 하소서.

감각을 방탕한 데 사용하지 말게 하소서.
더러운 욕심을 행하고 육신의 즐거움을 추구하는
세상의 정욕에 빠지지 않게
감각을 성령으로 잘 통제하게 하소서.

예수님의 이름으로 기도합니다. 아멘.

나의 기도

33일

하나님이 주신 몸과 성을 거룩하게 하소서

너희 몸은 너희가 하나님께로부터 받은 바 너희 가운데 계신 성령의 전인 줄을 알지 못하느냐 너희는 너희 자신의 것이 아니라(고전 6:19)

예수께서 대답하여 이르시되 사람을 지으신 이가 본래 그들을 남자와 여자로 지으시고(마 19:4)

밤이 깊고 낮이 가까웠으니 그러므로 우리가 어둠의 일을 벗고 빛의 갑옷을 입자 낮에와 같이 단정히 행하고 방탕하거나 술 취하지 말며 음란하거나 호색하지 말며 다투거나 시기하지 말고 오직 주 예수 그리스도로 옷 입고 정욕을 위하여 육신의 일을 도모하지 말라(롬 13:12-14)

거룩하신 하나님을 찬양합니다.
사랑하는 우리 _____ (이)가 자신의 몸이
성령이 거하시는 거룩한 성전인 것을 알게 하소서.
나의 몸은 내 것이 아니라
하나님이 값으로 주신 것임을 믿게 하소서.
나의 몸은 주님이 십자가를 통하여
죄값을 지불하고 사신
가장 소중한 존재임을 기억하게 하소서.

특히 성(性)을 주신 하나님께 감사하고
그 성을 소중하게 생각하며
아름답게 만들어 가게 하소서.
하나님이 보시기에 좋았다고 하신 성을
나도 아름답게 바라보게 하소서.

나의 성을 함부로 사용하지 말고
하나님의 성령이 거하시는 몸인 것을 생각하여

어둠의 일을 벗고
낮에와 같이 단정하며 음란과 술 취하는
삶이 되지 않게 하소서.
방탕하지 않게 하시고 호색하는 일이 없게 하소서.
자신의 정욕을 위하여 성을 사용하지 않게 하소서.

나의 성이 귀하면 다른 사람의 성도 귀한 줄 알아
성을 함부로 여기는 일이
없도록 도와주소서.
또한 다른 사람에게 성을 침해당하지
않도록 보호하소서.

예수님의 이름으로 기도합니다. 아멘.

나의 기도

34일

건강한 몸을 주소서

예수께서 들으시고 이르시되 건강한 자에게는 의사가 쓸 데 없고 병든 자에게라야 쓸 데 있느니라 (마 9:12)

주는 나를 용서하사 내가 떠나 없어지기 전에 나의 건강을 회복시키소서 (시 39:13)

사랑하는 자여 네 영혼이 잘됨 같이 네가 범사에 잘되고 강건하기를 내가 간구하노라 (요삼 1:2)

우리 몸을 창조하신 하나님을 찬양합니다.
사랑하는 우리 _____ (이)의 몸을 건강하게
하소서.

점점 공기와 토양이 오염되고,
마실 물이 부족한 세상으로 변하고 있습니다.
환경과 세상으로부터 오는 위협에서 지켜 주옵소서.

육신을 위해 정결한 음식을 주시어
몸을 건강하게 하소서.
음식이 잘 소화되게 하시고
몸이 골고루 잘 발달하여
건강하게 성장하게 하소서.

평소에 하나님의 성전인 몸을
잘 관리하기 원합니다.
영혼육이 모두 강건하게 지켜 주옵소서.
또한 운동으로 몸을 잘 관리하여

하나님을 위하여 일하기에 부족함이 없게 하소서.
건강한 몸으로 하나님을 찬양하며
이웃을 돕는 사람이 되게 하소서.

병이 들었을 때는 주의 능력으로 치유해 주셔서
거뜬히 일어나게 하옵소서.
좋은 의사를 만나게 하시고
속히 회복시켜 주옵소서.

예수님의 이름으로 기도합니다. 아멘.

나의 기도

35일

좋은 음식을 균형있게 섭취하게 하소서

그런즉 너희가 먹든지 마시든지 무엇을 하든지 다 하나님의 영광을 위하여 하라 (고전 10:31)

술 취하지 말라 이는 방탕한 것이니 오직 성령으로 충만함을 받으라 (엡 5:18)

술 취하고 음식을 탐하는 자는 가난하여질 것이요 잠 자기를 즐겨 하는 자는 해어진 옷을 입을 것임이니라 (잠 23:21)

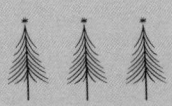

우리에게 양식을 주신 하나님을 찬양합니다.
사랑하는 우리 _____ (이)가
하나님이 주신 일용한 양식을
감사하며 먹게 하소서.
음식을 위해 수고한 손길들에게도
늘 감사하게 하시고
부끄럽지 않는 삶을 살게 하소서.

먹든지 마시든지 다 하나님의 영광을 위하여
살게 하소서.
자신의 만족과 이익을 위하여 음식을 먹지 않고
음식을 절제하며 식탐을 부리지 않게 하소서.

건강에 좋은 음식을 먹게 하시고
편식하지 않게 하소서.
음식을 골고루 먹고 균형 있는 식습관을
갖게 하소서.
그리하여 건강한 몸으로 많은 사람에게

유익을 주는 삶이 되게 하소서.

가난한 사람을 기억하여 음식을 버리지
않게 하소서.
자연을 통해 거저주신 음식에
늘 감사드리게 하시고
밥상에서 불평하거나
짜증내는 일이 없게 하소서.
먹는 것에 너무 신경쓰지 않게 하시고
더욱 가치 있는 일에 자신의 삶을 드리게 하소서.

예수님의 이름으로 기도합니다. 아멘.

나의 기도

36일

건전한 오락과 놀이를 즐기게 하소서

주의 권능의 날에 주의 백성이 거룩한 옷을 입고 즐거이 헌신하니 새벽 이슬 같은 주의 청년들이 주께 나오는도다
(시편 110:3)

만일 안식일에 네 발을 금하여 내 성일에 오락을 행하지 아니하고 안식일을 일컬어 즐거운 날이라, 여호와의 성일을 존귀한 날이라 하여 이를 존귀하게 여기고 네 길로 행하지 아니하며 네 오락을 구하지 아니하며 사사로운 말을 하지 아니하면
(사 58:13)

하나님께서 지으신 모든 것이 선하매 감사함으로 받으면 버릴 것이 없나니(딤전 4:4)

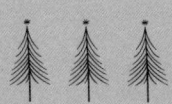

우리에게 즐거움을 주신 하나님을 찬양합니다.
사랑하는 우리 _____ (이)가 인생을
즐겁게 살게 하소서.
게임이나 스마트폰에 푹 빠져
시간을 낭비하지 않게 하시고
하나님이 주신 아름다운 세상을
마음껏 누리며
하나님의 거룩함에 참여하는
놀이와 오락을 즐기게 하소서.

주의 나라를 이루기 위해 휴식을 갖게 하시고
좋은 오락과 놀이를 경험하게 하소서.
오락과 놀이 속에서도 하나님의 임재를
느끼게 하소서.

주님의 거룩한 날을 구별하여 드리고
그날에는 주 안에서 즐거움을 누리게 하소서.

세상의 오락과 게임을 절제할 수 있는 힘을 주소서.
육신의 감각만을 자극하는 오락과 놀이보다는
하나님을 찬양하고, 기도하며, 예배하고
주 안에서 축제를 누리는
즐거움을 알게 하소서.

하나님이 지으신 모든 것이 선함을 알고
오락과 놀이를 선하신 뜻대로 사용하는
법을 터득하게 하소서.
그리하여 하루를 즐겁고 행복하게 살게 하소서.

예수님의 이름으로 기도합니다. 아멘.

나의 기도

7부
자녀의 창의성을 위한 기도

37일

지혜와 분별력을 주소서

아기가 자라며 강하여지고 지혜가 충만하며 하나님의 은혜가 그의 위에 있더라 (눅 2:40)

지혜가 제일이니 지혜를 얻으라 네가 얻은 모든 것을 가지고 명철을 얻을지니라 (잠 4:7)

또 어려서부터 성경을 알았나니 성경은 능히 너로 하여금 그리스도 예수 안에 있는 믿음으로 말미암아 구원에 이르는 지혜가 있게 하느니라 (딤후 3:15)

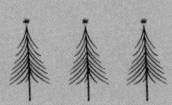

지혜의 근원이신 하나님을 찬양합니다.
세상을 살아가는 힘이 지혜에 있음을 믿습니다.
사랑하는 우리 _____ (이)에게 주님과 같은
지혜와 분별력을 주소서.

부분적으로만 보지 말고
전체를 볼 수 있는 안목을 주시고
과거를 통하여 미래를 예측할 수 있는 힘을 주소서.
현재의 모습에만 매달려
어리석은 결정을 하지 않게 하시고
하나님이 주신 마음과 지혜로
세상을 슬기롭게 살아가게 하소서.

지혜가 제일이라고 하셨으니
후히 주시고 꾸짖지 아니하시는 하나님께
기도하면서 지혜를 얻게 하소서.
말씀을 사모함으로 주님께서 주시는
신령한 지혜를 10배나 얻게 하소서.

예수님의 지혜가 가득하게 하시고
자신의 생각이 아니라 하나님의 말씀에 사로잡혀
말씀 속에서 나오는 지혜를 적용하게 하소서.

소년 다니엘이 하나님의 지혜를 받아
바벨론에서 믿음으로 승리한 것처럼
우리 _____ (이)에게도 하나님의
지혜를 충만하게 부어 주셔서
이 세상과의 싸움에서 능히 승리하게 하소서.

세상의 우둔한 친구들에게 빠지지 말고
구원의 지혜를 통하여 세상을 분별하게 하소서.

예수님의 이름으로 기도합니다. 아멘.

나의 기도

38일

배운 것을 실천하게 하소서

너희는 말씀을 행하는 자가 되고 듣기만 하여 자신을 속이는 자가 되지 말라 (약 1:22)

누구든지 하나님의 뜻대로 행하는 자가 내 형제요 자매요 어머니이니라 (막 3:35)

그러므로 누구든지 나의 이 말을 듣고 행하는 자는 그 집을 반석 위에 지은 지혜로운 사람 같으리니 (마 7:24)

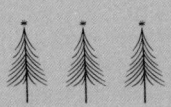

약속을 성취하시는 하나님을 찬양합니다.
사랑하는 우리 _____ (이)에게 행함이 있는
믿음을 주소서.
말씀을 듣고 배운 것을 삶에 실천하게 하소서.
힘든 상황일지라도
진리에 순종하는 담대한 용기와 결단을 주소서.
사람을 기쁘게 하기보다는 하나님을
기쁘시게 하는 사람이 되게 하소서.

하나님의 뜻을 즐겁게 실천하는 마음을 주소서.
주의 뜻대로 사는 행복을 얻게 하소서.
세상의 것은 잠시요 결국은 허무한 것임을
알게 하소서.
하나님의 말씀만이 영원함을 알고
주님의 말씀을 사모하고
지키는 일을 우선으로 두게 하소시.

성령의 능력을 의지할 때
주님의 말씀을 지킬 수 있음을 알고
자기의 의지를 포기하게 하소서.
말씀에 순종하는 태도를 갖게 하소서.

하나님의 말씀을 실천하고 그대로 살아가는
그리스도의 편지가 되게 하소서.
우리 _____ (이)가 말씀을 실천함으로
악한 세상이 선한 세상으로 바뀌는
역사가 있게 하소서.

예수님의 이름으로 기도합니다. 아멘.

나의 기도

39일

뛰어난 창의력을 주소서

태초에 하나님이 천지를 창조하시니라(창 1:1)

만물이 그에게서 창조되되 하늘과 땅에서 보이는 것들과 보이지 않는 것들과 혹은 왕권들이나 주권들이나 통치자들이나 권세들이나 만물이 다 그로 말미암고 그를 위하여 창조되었고 (골 1:16)

그런즉 누구든지 그리스도 안에 있으면 새로운 피조물이라 이전 것은 지나갔으니 보라 새 것이 되었도다(고후 5:17)

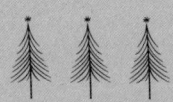

세상을 창조하신 하나님을 찬양합니다.
사랑하는 우리 _____ (이)에게 하나님의
창조의 능력을 주셔서
창의력이 뛰어난 사람이 되게 하소서.

주님을 사랑하고 주님을 의지하면
우리 _____ (이)에게 창의력을
더해 주실 줄 믿습니다.

하나님께 영감을 받아
새로운 것을 만들어
세상 사람들에게
하나님의 이름과 신비를 전하게 하소서.

창의력을 통하여 다른 사람과 구별된
삶을 살게 하소서.
창조적인 발상을 주시어
하나님을 믿는 멋진 자녀의 모습을

드러내게 하시고
왕 같은 하나님의 자녀로 살게 하소서.

하나님이 주신 창조력을 자랑하며
주님의 이름을 높이는 사람이 되게 하소서.

예수님의 이름으로 기도합니다. 아멘.

나의 기도

40일

섬기는 리더가 되게 하소서

인자가 온 것은 섬김을 받으려 함이 아니라 도리어 섬기려 하고 자기 목숨을 많은 사람의 대속물로 주려 함이니라 (막 10:45)

너희 중에 누구든지 으뜸이 되고자 하는 자는 너희의 종이 되어야 하리라 (마 20:27)

만일 누가 말하려면 하나님의 말씀을 하는 것 같이 하고 누가 봉사하려면 하나님이 공급하시는 힘으로 하는 것 같이 하라 (벧전 4:11)

섬김의 본을 보여주신 하나님을 찬양합니다.
사랑하는 우리 _____ (이)가
섬기는 사람으로 성장하게 하소서.
다른 사람을 지배하는 자가 아니라
섬기고 존경하는 사람이 되게 하시고
이웃이 우리 _____ (이)로 인해
기쁨을 얻게 하시고,
세상이 우리 _____ (이)를 통하여
행복해지게 하소서.

높은 보좌를 버리고 친히 세상에 오셔서
인간의 몸을 입고
사람을 섬기신 주님의 본을 따라
우리 _____ (이)도 언제 어디서나 겸손하게
사람들을 섬기게 하소서.

진정한 지도자는 지배하는 것이 아닌
섬기는 자임을 알게 하시어

만나는 사람을 존경하고 섬기기를 다하는
사람으로 자라게 하소서.

어릴 때부터 남에게 받으려 하기 보다는
다른 사람에게 베풀고 나누는 삶을 살게 하소서.
혼자만 잘사는 것이 아니라
모두가 잘사는 하나님 나라를 이루는
리더의 삶이 되게 하소서.

주님!
간절히 기도하옵기는
봉사와 섬김을 자기 힘으로 하지 않고
하나님이 주시는 은혜로 섬기게 하소서.
섬김이 자기 자랑이 되지 않게 하시고
오직 하나님만 자랑하게 하옵소서.

예수님의 이름으로 기도합니다. 아멘.

나의 기도

자녀를 위한 말씀 기도문 40일

초판 1쇄 펴낸날 2015년 5월 20일
2판 2쇄 펴낸날 2024년 7월 22일

지은이 이대희
펴낸이 이용훈

펴낸곳 북스원
등록 제2015-000033호
주소 서울시 송파구 오금로44나길 5, 401호
전화 010-3244-4066
이메일 wisebook@naver.com
공급처 (주)비전북 031-907-3927
ISBN 979-11-973275-4-4 02230

이 책은 저작권법에 따라 보호받는 저작물이므로 무단전재와 복제를 금합니다.
잘못된 책은 구입하신 곳에서 교환하여 드립니다.